Enfys – Rhif 2

Llyfr lliwio Beiblaidd i blant

Gellir ei ddefnyddio gyda Llyfr Gwersi Ysgol Sul
i blant dan 11 oed, Blwyddyn A.

CYHOEDDIADAU'R
GAIR

Enfys 2
ⓑ Cyhoeddiadau'r Gair 1997

Lluniau ga Huw Vaughan Jones
Golygydd Cyffredinol: Aled Davies

Clawr: Ruth Evans
Argraffwyd gan: Tŷ John Penry, Abertawe

ISBN 1 85994 096 X

Cedwir pob hawl. Ni chaniateir ffotocopïo unrhyw ddarn o'r deunydd hwn mewn unrhyw ffordd oni cheir caniatâd y cyhoeddwyr.

Cyhoeddwyd gan:
Cyhoeddiadau'r Gair, Cyngor Ysgolion Sul,
Ysgol Addysg PCB, Ffordd Deiniol,
Bangor, Gwynedd LL57 2UW.

1. Y Creu Genesis 1.

2. Adda ac Efa Genesis 1.

3. Bwyd i Bawb   Deuteronomium 24.

4. Ruth Ruth 1-4.

5. Esther Esther 1.

6. Y Samariad Trugarog Luc 10, 30-37.

7. Myfi yw Bara'r Bywyd Ioan 6.

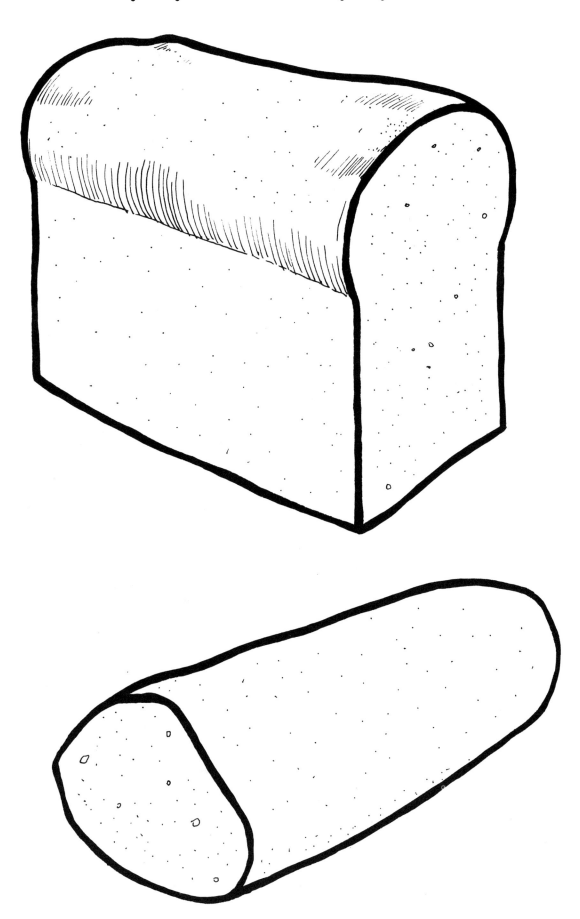

8. Myfi yw y Bugail Da Ioan 10.

9. Myfi yw y Ffordd, y Gwirionedd a'r Bywyd
Ioan 14, 1-6.

10. Morynion Call a Ffôl Mathew 25: 1-13.

11. Bugeiliaid ym Methlehem Luc 2: 1-20.

12. Doethion yn ymweld Mathew 2: 1-12.

13. Iesu yn Dysgu Luc 8: 4-15.

14. Iesu yn Iacháu Luc 5: 12-16.

15. Gwraig yn dod at Iesu yn nhŷ Simeon
Luc 7: 36-50.

16. Troëdigaeth Paul Actau 9: 1-19.

17. Paul yn Pregethu Actau 9: 20-30.

18. Paul a Silas yn y Carchar 2 Corinthiaid 4: 7-10.

19. Galwad Jeremeia Jeremeia 1: 4-10.

20. Jeremeia yn cael ei Erlid Jeremeia 38: 1-13.

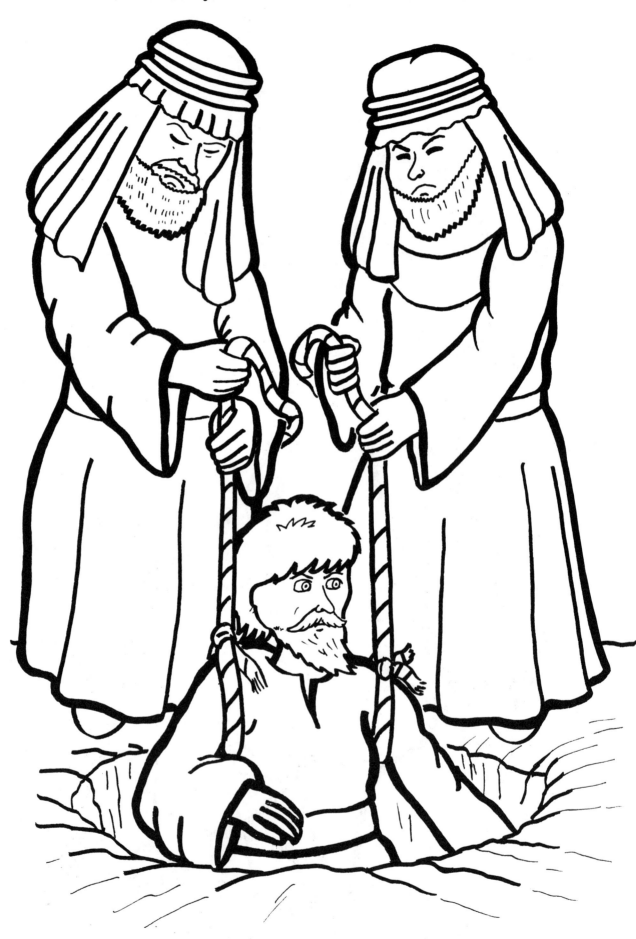

21. Y Swper Olaf Luc 18: 31-34.

22. Marchogaeth i Jerwsalem Luc 19: 28-44.

23. Atgyfodiad Iesu Ioan 20: 1-18.

24. Ysbryd Glân yn Disgyn Actau 2: 1-13.

25. Colomen Actau 2: 14-39.

26. Yr Eglwys Fore Actau 2: 40-47.

27. Iesu'n Golchi Traed Disgybl Ioan 13: 1-17.

28. Barnabas yn Helpu Actau 4: 32-37.

29. Philip a'r Ethiop Actau 8: 26-40.